STATUTS, ORDONNANCES ET REGLEMENS,

POUR la Communauté des Marchands & Marchandes privilégiez de Grains & Graines en gros & en détail, de la Ville, Fauxbourgs & Banlieuë de Roüen.

AVEC

leurs Edits de Création, Arrêts du Conseil & du Parlement, &c. rendus en consequence.

A ROUEN,

Chez JEAN-B. BESONGNE, Imprimeur ordinaire du Roy, au coin vis-à-vis la Fontaine S. Lo, à l'Imprimerie du Louvre.

M. DCC. XXXII.

AVEC PRIVILEGE DE SA MAJESTE.

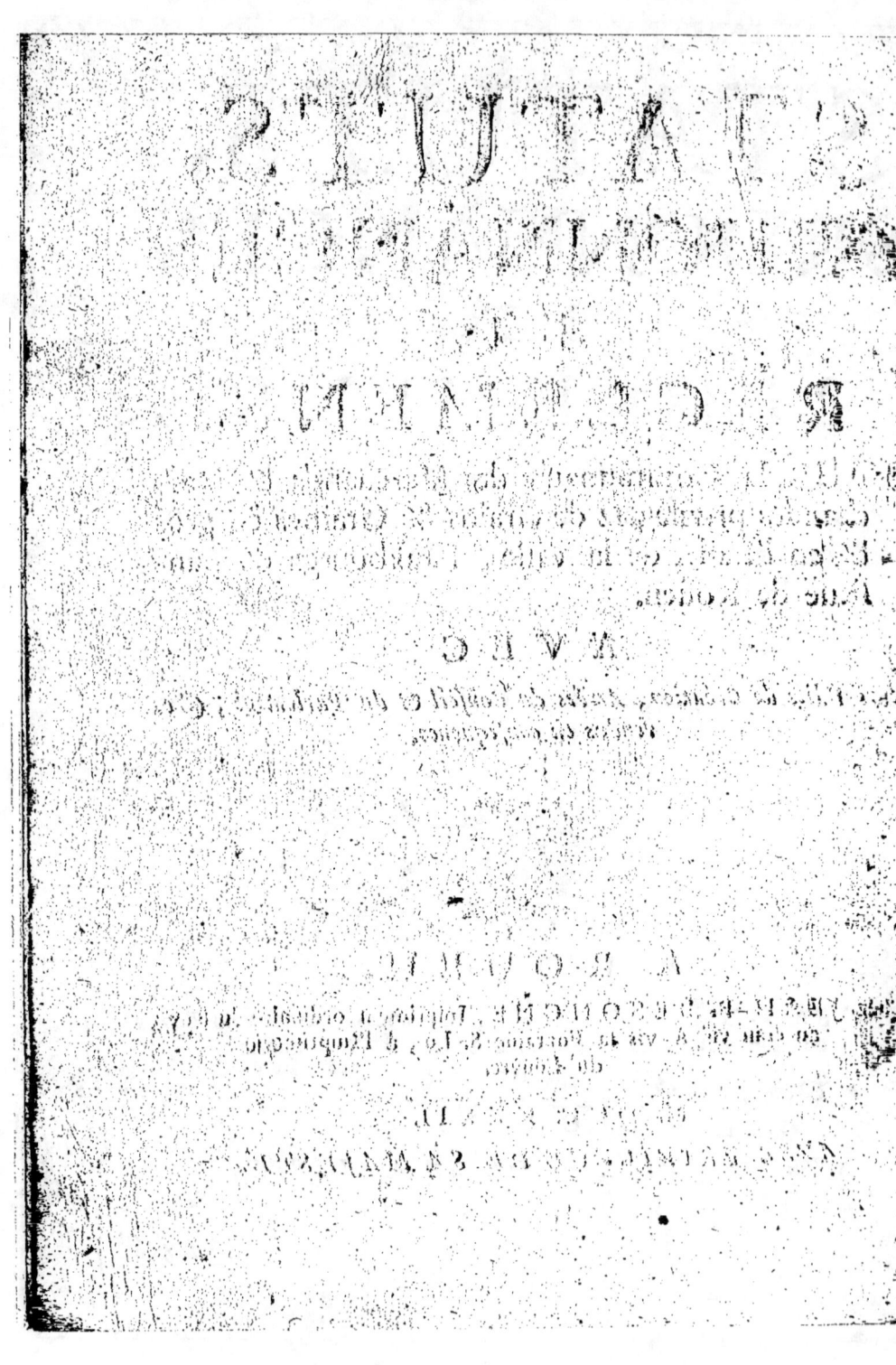

STATUTS, ORDONNANCES ET REGLEMENS,

QUE les Marchands & Marchandes privilégiez, de Grains & Graines en gros & en détail, de la Ville, Fauxbourgs & Banlieuë de Roüen, suplient très-humblement Sa Majesté, de vouloir bien leur acorder, pour l'ordre & la police de leur Communauté.

Des 5. & 9. Novembre 1730.

ARTICLE PREMIER.

ES Marchands & Marchandes de Grains & Graines, seront & demeureront à l'avenir unis & incorporez en une seule & même Communauté, & joüiront hereditairement de leurs Places & Priviléges, ainsi que de leurs autres Biens.

II.

Nul n'y sera reçû, qu'il ne soit de la Religion Catholique, Apostolique & Romaine.

A ij

III.

La Confrairie établie sous les noms de S. Adrien, S. Roch, & S. Sebastien, sera maintenuë; il y sera élû tous les ans un Maître, qui aura soin de faire celebrer le Service Divin, & tous ceux qui composent ladite Communauté, seront tenus de s'y faire enregistrer.

IV.

Et pour satisfaire aux frais nécessaires, chaque Marchand & Marchande paiera tous les ans, pour l'entretien d'icelle Confrairie és mains du Maître en charge, trois sols, & chaque Aprentif ou Aprentisse, cinq livres, & chaque Aspirant ou Aspirante dix livres, le jour que chacun d'eux ou d'elles prêtera le Serment pardevant le Lieutenant General de Police, desquelles sommes le Maître en Charge sortant rendra compte tous les ans, à chaque Maître entrant, en la presence des anciens Maîtres de ladite Confrairie.

V.

D'autant que ladite Marchandise de Grains est de la derniere conséquence, puisque la plus grande partie entre dans le corps humain, il y aura quatre Sindics qui seront élûs tous les ans, dans le courant du mois d'Aoust, pour veiller & tenir la main à ce que les presens Statuts soient observez; & à cette fin, auront l'inspection sur toute la Communauté, visiteront les Marchands & leurs Marchandises, circonstances & dépendances, avec la même autorité qu'ont les Sindics des autres Communautez de la Ville de Roüen.

VI.

Visiteront pareillement tous les Grains & Graines qui seront aportez dans ladite Ville, Fauxbourgs & Banlieuë de Roüen, pour la subsistance du Public; & en cas qu'il s'en trouve de fourbaudez, germez ou contraires aux Réglemens, lesdits Sindics feront aprocher les contrevenans, pardevant le Lieutenant General de Police, pour y être fait droit, & requerir telle Amende qu'il plaira à Justice ordonner.

VII.

Et à l'égard des Grains & Graines qui arriveront par Bâteaux ou Vaisseaux sur les Ports, seront tenus les Propriétaires ou Commissionnaires desdits Grains & Graines, à peine de vingt livres d'amende contre les contrevenans, d'avertir les Sindics, pour en venir faire la visite dans les vingt-quatre heures & sans frais ; & en cas qu'il s'en trouve de gâtez ou échaufez, ils en avertiront le Lieutenant Général de Police, pour faire ordonner ce qu'il apartiendra.

VIII.

Pour empêcher qu'il ne soit fait des entreprises sur ladite Communauté, les Sindics pourront faire visite chez tous ceux qu'ils soupçonneront de faire leur Commerce, à la charge de se faire assister d'un Huissier ou Sergent Roïal du Bailliage, pour dresser son Procès verbal, après en avoir obtenu la Permission du Lieutenant Général de Police, & du Procureur du Roy, pour faire condamner les contrevenans en dix livres d'amende, & aux intérêts de la Communauté.

IX.

Chaque Maître ne poura recevoir qu'un Aprentif ou Aprentisse, qui s'obligera par écrit de servir pendant trois ans, & prêtera le serment ordinaire, pardevant le Lieutenant Général de Police, de bien & fidèlement s'aquiter de son devoir : Ne pouront les Aprentifs & Aprentisses, quiter leurs Maîtres pour entrer chez d'autres, sans un consentement par écrit, ou s'il n'y en a cause jugée légitime, à peine d'être déchûs du benefice de leur Aprentissage; ce qui aura pareillement lieu, contre tous ceux ou celles qui ne se seront pas bien comportez envers leurs Maîtres.

X.

Chaque Aprentif ou Aprentisse païera quarante sols à chacun

des quatre Sindics, pour tenir lieu de feſtin & bûvette, le jour qu'ils feront menez pour prêter le ſerment.

X I.

L'Aprentif ou l'Aprentiſſe après avoir ſervi trois ans chez ſon Maître, poura aquerir l'une des Places & Priviléges vacantes, & ſe fera preſenter à la Communauté par l'un des Sindics, pour avoir ſon agrément, & après l'avoir obtenu, il ou elle ſera conduit par leſdits Sindics, pour prêter le ſerment de bien & fidèlement ſervir dans ſon Commerce; pour raiſon de quoi, il ou elle païera quatre livres à chacun des quatre Sindics, & cinquante livres pour la Communauté.

X I I.

Les fils de Maître & ceux qui en épouſeront des filles, ne feront point tenus de faire d'aprentiſſage, & ne païeront pour être reçûs à la Maîtriſe, & pour droits de Confrairie, des Sindics & de la Communauté, que la moitié des autres Aſpirans, & en cas de concurrence leur ſeront preferez.

X I I I.

Les veuves des Maîtres demeurant en viduité, joüiront leur vie durant, des Priviléges de leur mari, ſoit qu'elles demeurent en poſſeſſion de la même Place, ou qu'elles en achetent une autre.

X I V.

Lorſqu'une veuve ſe remariera, ſi elle eſt fille de Marchand, ou ſi elle a fait ſon Aprentiſſage, celui qu'elle épouſera ſera tenu de ſe faire recevoir, & ne païera que la moitié des droits, ainſi que les fils de Maître; ſi au contraire elle n'eſt ni fille de Marchand, & n'a point fait d'Aprentiſſage, celui qu'elle épouſera païera tous les Droits en entier, & ne ſera néanmoins point tenu de faire d'Aprentiſſage.

X V.

Si l'un des Maîtres decede ſans enfans, & que ſes heritiers

ne soient ni Maîtres ni enfans de Maîtres, ni Aprentifs dudit Métier, ils seront tenus de disposer en faveur des veuves, enfans ou Aprentifs du Métier, de leur Place & Privilége, & non d'autres.

XVI.

Lorsque les Marchands ou Marchandes auront été reçûs, & qu'ils auront prêté le Serment requis & païé les Droits, ils ne seront plus sujets à aucune reception, ni à païer aucuns Droits, quand même ils changeroient de Place & Privilege.

XVII.

Il y aura deux Regiſtres, ſur l'un deſquels ſeront inſcrits les noms des Aprentifs & Aprentiſſes, & leur Brevet d'Aprentiſſage, & ſur l'autre, le nom des Maîtres & Maîtreſſes, & leur Acte de reception; leſquels Regiſtres ſeront tenus par l'un des quatre Sindics, qui ſigneront, ainſi que les Aprentifs & Aprentiſſes, Maîtres & Maîtreſſes, chacun en droit ſoi, au pied de leur Brevet & Acte de reception.

XVIII.

Les Laboureurs, Blâtiers & autres qui aporteront pluſieurs ſommes ou charges de Grains dans la Halle, ſeront tenus de laiſſer chaque ſomme dans chaque ſac, ſans pouvoir en mettre pluſieurs enſemble dans une même banne; & ce, pour prévenir les abus qui pouroient ſe commettre, & pour faciliter auſdits Sindics la viſite deſdits Grains : Ne pourront auſſi leſdits Laboureurs, Blâtiers & autres, vendre leurs Grains à petite meſure; c'eſt-à-dire, au-deſſous du Boiſſeau, à peine de trois livres d'amende, ſuivant les Arrêts du Parlement, des premier Avril 1666. & 18. Janvier 1698.

XIX.

Afin que les Marchands & Marchandes ſoient toûjours en état de fournir le Public, & que la Ville ne ſe trouve point dégarnie de Grains, comme il pouroit arriver dans les tems de ſemence & de récolte; & pour prévenir le tems des glaces & débordemens des Eaux, lesdits Marchands & Marchandes pouront avoir chez eux & dans leurs Greniers, leurs Places préalablement bien garnies, autant de Grains que leurs facultez pourront leur permettre ; & ce, en conformité de leur Edit de création de 1693.

X X.

Pouront aussi lesdits Marchands & Marchandes, à l'exclusion de tous autres, vendre chez eux & dans leurs boutiques, chaque jour de la semaine, toutes sortes de Grains & Graines, sans que cela puisse préjudicier à la vente qu'ils pourront faire en leur Place de la Halle.

X X I.

Dautant qu'il est moralement impossible ausdits Marchands & Marchandes, de faire mesurer tous les Grains qu'ils achetent dans les quatre Marchez à eux destinez, & qu'ils sont obligez de se fier à la bonne-foi de la plus grande partie de ceux de qui ils les achetent ; pourront lesdits Marchands & Marchandes lors de l'arrivée desdits Grains, faire décharger leurs Voitures dans le milieu de la Halle, chacun devant leurs Places, pour les faire mesurer, & connoître par ce moïen la bonne & mauvaise foi de ceux de qui ils les auront achetez ; & ce, à cause de la très-petite continence de leurs Places.

X X I I.

Lorsqu'il viendra de dehors sur les Ports & Quais de cette Ville, des Bâteaux ou Vaisseaux chargez de Grains, lesdits Marchands & Marchandes, après que les Bourgeois en seront fournis, pouront s'en faire livrer, suivant qu'il est d'usage ; & ce, en conformité du Réglement de la Cour du Parlement, du 12. Juillet 1692.

X X I I I.

Si aucuns desdits Marchands & Marchandes achétent sur les Ports de cette Ville, quelque quantité de Marchandises dudit Etat, il sera permis aux autres Maîtres & Maîtresses, de la partager & lotir avec ceux ou celles qui les auront achetées, pourvû toutefois

fois qu'ils se trouvent au marché & à la mesure ; & ce, afin que chaque Place & Boutique soit garnie, & le Public mieux servi.

XXIV.

Il sera défendu à tous Hôteliers de ladite Ville & Fauxbourgs de Roüen, d'exposer ni soûfrir d'être exposé en vente aucuns Grains & Graines pour eux ou pour les Marchands Forains, & d'en soûfrir la décharge chez eux, à peine de confiscation de la Marchandise, & de cinquante livres d'amende contr'eux & lesdits Forains ; & seront tenus lesdits Hôteliers avertir les Marchands Forains logeans en leurs maisons, qu'ils n'y en peuvent vendre, & qu'ils sont obligez de faire mener leur Marchandise à la Halle.

XXV.

Il sera défendu à toutes personnes autres que lesdits Marchands & Marchandes, d'acheter dans les quatre Marchez de Caudebec, Duclair, Elbeuf & Andely à eux destinez, des Grains & Graines par commission ou pour leur compte particulier, pour en faire la revente même aux Habitans desdits lieux, sous quelque prétexte que ce soit, à peine de confiscation desdits Grains, & de trois mille livres d'amende ; & ce, conformément à l'Arrest du Conseil, du 3. Février 1699. & autres Arrêts & Réglemens rendus en conséquence.

XXVI.

Les Laboureurs & autres qui aporteront des Grains dans lesdits quatre Marchez, ne pourront les relever pour les transporter ailleurs, sous quelque prétexte que ce puisse être, mais resteront lesdits Grains, pour être vendus le Marché suivant.

XXVII.

Pourront lesdits Marchands & Marchandes, la Halle & la Ville préalablement bien fournies, envoïer à Paris ou ailleurs, toutes sortes de Grains, soit pour leur compte particulier, ou par commission, ainsi qu'il s'est toûjours pratiqué ; ce qu'ils ne pourront faire, qu'en avertissant & se faisant autoriser de Justice.

XXVIII.

Aucun Marchand ne poura, sans une excuse légitime, se dispenser de se trouver aux Assemblées que les Sindics feront convoquer, aux jours & heures qu'elles seront indiquées, & seront tenus ceux qui y seront presens, de déliberer sur les afaires qui leur seront proposées, & de signer leurs sufrages; le tout, à peine de trois livres d'Amende, aplicable au profit de la Confrairie, tant contre les absens que contre les refusans de déliberer ou de signer.

XXIX.

Les presens Statuts seront exécutez selon leur forme & teneur, & seront les contrevenans aprochez, à la requête des Sindics, pardevant le Lieutenant Général de Police, pour être condamnez à subir les peines portées par iceux.

Les presens Articles faits & dressez & arrêtez aux Assemblées generales de la Communauté desdits Marchands privilégiez de Grains & Graines, de la Ville, Fauxbourgs & Banlieuë de Roüen, en date des cinquième d'Avril & neuviéme de Novembre mil sept cens trente, portez sur le Registre de la Communauté, dûement contrôlez & en forme.

A MONSIEUR LE LIEUTENANT
Général de Police au Bailliage, Ville & Vicomté de Roüen.

SUPLIE humblement la Communauté des Marchands & Marchandes privilégiez de Grains & Graines en gros & en détail, de la Ville, Fauxbourgs & Banlieuë de Roüen, stipulée par Jacques-Nicolas Loüe, Nicolas Godement, Pierre Lucet, & François Debande, Sindics en Charge d'icelle année présente.

ET Vous remontre, qu'il a toûjours paru si important de policer ceux qui se sont mêlez du commerce des Grains en cette Ville, qu'à peine le Parlement a été sédentaire, qu'il y a pourvû avec soin. Sa Majesté a trouvé si nécessaire d'en former l'établissement en Communauté, que par ses Edits des années 1692. & 1693. Elle créa à l'*instar* des Marchands de Grains de Paris, cent douze Marchands privilégiez & héréditaires de Grains, en la Ville & Banlieuë de Roüen, & la finance en fut païée. Comme le Parlement & Messieurs les Lieutenans Generaux de Police ont toûjours protegé cet établissement, afin de l'afermir & le rendre plus solide, les Suplians n'ont suivi jusqu'à present d'autre loi pour la discipline, que celle qui leur a été prescrite par tous ces Réglemens : Mais comme diférens Particuliers prétendent leur oposer le manque de Statuts, pour autoriser leurs entreprises & contraventions aux Edits, Arrêts, Réglemens & Sentences de Police, ci-devant rendus, & bien & dûëment exécutez, ils ont résolu de suplier Sa Majesté de leur acorder des Statuts, dont ils ont fait dresser les Articles ci-dessus, qu'ils Vous presentent:

A ce qu'il Vous plaise, MONSIEUR, donner acte aux Suplians de la representation desdits Articles, & les autoriser de se pourvoir vers Sa Majesté, pour en obtenir avec la confirmation, la Permission de les faire exécuter en faveur des Suplians, pour être inviolablement gardez, observez & entretenus de point en point, selon leur forme & teneur, sans qu'aucun y puisse contrevenir : Et ferez justice. Signez, J. N. LOÜE, N. GODEMENT, PIERRE LUCET, F. DEBAUDE, & TOÜIN, avec paraphes.

Soit communiqué au Procureur du Roy, ce 23. Mai 1731. Signé, LE PAIGE, avec paraphe.

VEU la Presente, ensemble les Statuts ci-joints, au nombre de vingt-neuf Articles, les Statuts des Maîtres Marchands de Grains de la Communauté de Paris, les Edits & Réglemens pour la Communauté des Marchands de Cidres & Poirez, & des Marchands de Grains de cette Ville, Arrêts & Réglemens de la Cour donnez en conséquence; je n'empêche les Supllans être autorisez de se pourvoir vers Sa Majesté, aux fins de la confirmation & exécution desdits vingt-neuf Articles. Au Parquet, le 23. Mai 1731. Signé, GODEHEU, avec paraphe.

Acte & soit fait, ainsi qu'il est consenti par le Procureur du Roy, ce 23. Mai 1731. Signé, LE PAIGE.

Scellé à Roüen, ce 23. Mai 1731. Reçû 30 s. Signé, CASTRA.

Lesdits Statuts ont été registrez ès Registres de la Cour, pour être exécutez selon leur forme & teneur, & jouïr par les Impétrans de l'éfet & contenu d'iceux, suivant l'Arrest de la Cour rendu la Grand' Chambre assemblée, le cinquième jour de Mai mil sept cens trente-deux. Signé, AUZANET, avec paraphe.

Les presens Statuts, au nombre de vingt-neuf Articles, ont été registrez ès Registres du Gréfe de Police, en vertu de la Sentence d'homologation, du Samedi dix-septiéme jour de Mai de la presente année mil sept cens trente-deux, pour par les Impétrans y avoir recours, & jouïr de l'éfet & contenu desdits Articles, suivant & conformément à icelle. Signé, LERNAULT, avec paraphe.

LETTRES PATENTES,

PORTANT confirmation de Statuts pour les Marchands & Marchandes privilégiez de Grains & Graines en gros & en détail, de la Ville, Fauxbourgs & Banlieuë de Roüen.

Du mois d'Avril 1732.

LOUIS par la grace de Dieu, Roy de France & de Navarre: A tous presens & à venir, SALUT. Nos bien-amez les Marchands & Marchandes privilégiez de Grains & Graines en gros & en détail, de la Ville, Fauxbourgs & Banlieuë de Roüen, Nous ont fait reprefenter qu'ils forment entr'eux un Corps & Communauté ; & que pour affûrer l'ordre & la police nécef- faires au fervice du Public, & prévenir les abus qui pouroient fe gliffer dans la fuite des tems, ils ont dreffé des Statuts & Régle- mens contenus en vingt-neuf Articles, dont l'exécution en leur procurant l'avantage & le bien particulier qu'ils y recherchent, fera trouver au Public l'utilité qu'on doit en atendre ; mais que pour cet éfet ils ont befoin fur lefdits Statuts & Réglemens, de nos Lettres de Confirmation, qu'ils Nous ont très-humblement fait fuplier de leur acorder. A CES CAUSES, voulant favo- rablement traiter les Expofans, & contribuer autant qu'il eft en Nous, à leur faciliter les moïens d'établir le bon ordre dans leur Communauté, Nous avons permis & acordé, & de nôtre grace fpéciale, pleine puiffance & autorité Roïale, permettons & acor- dons par ces Prefentes fignées de nôtre main, aufdits Expofans d'établir entr'eux une Jurande, & de former Corps & Commu- nauté de Marchands & Marchandes privilégiez de Grains & Graines en gros & en détail, de la Ville, Fauxbourgs & Ban- lieuë de Roüen, de nommer & élire des Jurez-Gardes & Sindics, de la probité & capacité requifes ; lefquels après le Serment par eux prêté, feront toutes les fonctions de Jurande, & les Vifites néceffaires pour le bien & la police de ladite Communauté, & tien- dront la main à l'exécution defdits Statuts & Réglemens contenus en vingt-neuf Articles, ci-atachez fous le Contrefcel de nôtre Chancellerie ; lefquels Statuts & Réglemens Nous avons des mêmes grace, pouvoir & autorité que deffus, aprouvez, confirmez & autori- fez, aprouvons, confirmons & autorifons par cefdites Prefentes, Vou- lons & Nous plaît qu'ils foient gardez, obfervez & exécutez felon leur forme & teneur, par lefdits Expofans, leurs fucceffeurs, & tous autres, fans qu'il y foit en aucune façon contrevenu ; pourvû toutefois qu'en iceux il n'y ait rien de contraire à nos Ordonnances, ni de préjudiciable à nos droits, & à ceux d'autrui. SI DONNONS EN MANDEMENT à nos amez & feaux Conseillers les Gens tenans nôtre Cour de Parlement à Roüen, au Bailli de Roüen ou son Lieutenant Géneral de Police, & à tous autres nos Oficiers & Justiciers qu'il apartiendra, que ces Presentes ils aient à faire registrer, & de leur contenu joüir & user lesdits Exposans & leurs successeurs, pleinement, paisiblement & perpetuellement, cessant & faisant cesser tous troubles & empêchemens contraires : CAR tel est nôtre plaisir. Et afin que ce soit chose ferme & stable à toûjours, Nous avons fait mettre nôtre Scel à cesdites Presentes. DONNE' à Versailles, au mois d'Avril, l'an de grace mil sept cens trente-deux ; & de nôtre Régne le dix-septiéme. Signé, LOUIS : *Et sur le repli*, Par le Roy, CHAUVELIN, avec paraphe : *Visa*, CHAUVELIN, *pour Confirmation de Statuts*. Et scellées du grand Sceau de cire verte, en lacs de soïe.

Lesdites Lettres Patentes de Confirmation de Statuts, ont été registrées ès Registres de la Cour, pour être exécutées selon leur forme & teneur, & joüir par les Impétrans de l'éfet & contenu d'icelles, suivant l'Arrest de la Cour rendu la Grand Chambre assemblée, le cinquiéme jour de Mai mil sept cens trente-deux.

Signé, AUZANET, *avec paraphe*.

Lesdites Lettres Patentes de Confirmation & Statuts, ont été registrées ès Registres du Gréfe de la Police, pour être exécutées selon leur forme & teneur, & joüir par les Impétrans de l'éfet & contenu d'icelles, suivant la Sentence d'enregistrement & d'homologation d'icelles, le dix-septiéme jour de Mai mil sept cens trente-deux.

Signé, LERNAULT, *avec paraphe*.

PHilipes Beauvais Sergent Roïal, immatriculé au Bailliage & Vicomté de Roüen, y demeurant ruë Marpalu, Paroisse de S. Maclou, soussigné, certifie que cejourd'hui Mercredi unziéme jour de Juin mil sept cens trente-deux, à la requête de la Communauté des Marchands & Marchandes de Grains & Graines privilégiez de la Ville, Fauxbourgs & Banlieuë de Roüen, stipulez & representez par les Sieurs Pierre Lucet, Jacques-Nicolas Loüe, François de Baudé & Nicolas Godement, Sindics en Charge année presente, de ladite Communauté; pour lesquels domicile est éû en la personne & Maison dudit Sieur Lucet, demeurant audit Roüen, ruë Nôtre-Dame, Paroisse de S. Maclou: Je me suis exprès transporté en la Halle aux Grains de ce lieu, sur les onze heures du matin, où étant, ladite Halle étant en son plein cours ordinaire, j'ai à haute voix & cri public, fait lecture des Statuts desdits Marchands, Ordonnance pour obtenir iceux, des 5. & 9 Novembre 1730. des Lettres Patentes, portant confirmation desdits Statuts, données à Versailles au mois d'Avril dernier, Signées, LOUIS: Et sur le repli, Par le Roy, Chauvelin; scellées du grand Sceau de cire verte en lacs de soie, regiſtrez au Parlement & au Bailliage de Roüen, les 5. & 17. de Mai auſſi dernier; & fait aficher des Imprimez du tout, contre les Pôteaux & Portes de ladite Halle; comme auſſi, j'ai fait pareille lecture desdits Statuts & Lettres Patentes, le long des Quais, Place de la Bourse, devant le Prétoire du Consulat, Places publiques, devant la Porte du Bailliage de Roüen, Carrefours, & autres lieux de cette Ville; auſquels lieux, j'ai fait aficher pareils Imprimez par Antoine-Jean Paulmier, Colleur & Aficheur ordinaire en cette Ville, y demeurant proche le Vieux-Palais, Paroisse de S. Eloy, à ce qu'aucunes personnes n'en *ignorent* ; *dont du tout j'ai fait & dressé le present Procès verbal, pour valoir & servir ausdits Sieurs Marchands & Marchandes, ainsi qu'il apartiendra. Fait comme dessus.*

Signé, BEAUVAIS, *avec paraphe.*

Et au-dessous est écrit : Contrôlé à Roüen, ce 11. Juin 1732. Signé, CASTRA.

EDIT DU ROY,

PORTANT création de plusieurs Ofices en la Ville de Roüen.

Du mois de Décembre 1692.

LOUIS PAR LA GRACE DE DIEU, ROY DE FRANCE ET DE NAVARRE: A tous presens & à venir, SALUT. L'agrandissement continuel de la Ville de Roüen, capitale de nôtre Province de Normandie, a obligé de tems en tems les Echevins d'y établir par commission divers Oficiers, pour veiller sous leurs ordres, au régime & administration des afaires communes de ladite Ville: Et comme l'expérience a fait connoître que des Oficiers titulaires & Propriétaires des Charges, servoient avec beaucoup plus de zèle & d'aplication que des Commissionnaires; cette consideration Nous a fait prendre la résolution d'ériger en titre d'Ofice héréditaire, quelques-unes desdites Commissions, à l'instar de ceux de nôtre bonne Ville de Paris, & de plusieurs autres de nôtre Roïaume. A CES CAUSES, & autres à ce Nous mouvant, de nôtre certaine science, pleine puissance & autorité Roïale, Nous avons par le present Edit perpetuel & irrévocable, créé, érigé & établi, créons, érigeons & établissons en titre d'Ofice formé & héréditaire,

Un nôtre Conseiller Receveur des Revenus Patrimoniaux, soit en deniers ou en especes, de nôtre Ville de Roüen, aux mêmes honneurs, autoritez, pouvoirs, fonctions, prérogatives, fruits, profits, exemtions & gages, que ceux acordez à celui qui exerce actuellement ledit Ofice par commission: ledit Receveur assistera aux Assemblées, tant générales que particulieres, qui seront fai-

Le Receveur des Revenus Patrimoniaux.

tes en l'Hôtel de Ville, pour les Ajudications des Revenus Patrimoniaux & des Ouvrages publics, dont le fonds dévra être païé sur les deniers de sa Recette ; dans lesquelles Assemblées il aura voix déliberative ; comme aussi, aux réceptions des cautions qui seront fournies par les Ajudicataires : aura en outre, entrée, rang & séance à toutes les Assemblées de ladite Ville, tant générales que particulieres, & ne sera tenu de donner caution pour sûreté de sa Recette, dont Sa Majesté l'a déchargé & dispensé, atendu la finance qu'il païera en nos Revenus casuels pour ledit Ofice, Gages & Droits y atribuez ; ledit Receveur comptera des deniers de sa Recette, en la forme ordinaire : Enjoignons à celui qui exerce à presént ledit Ofice par commission, de remettre tous les fonds qu'il a en ses mains ; suivant l'état qu'il en donnera certifié de lui véritable, aux peines du quadruple, à celui qui sera pourvû dudit Ofice ou commis à l'exercice d'icelui, huitaine après la sommation qui lui en sera faite, lequel lui en donnera une décharge ; au moïen de quoi, il en demeurera bien & valablement quite & déchargé.

Et par ce même presént Edit, Nous avons créé, érigé & établi, créons, érigeons & établissons en titre d'Ofices formez & héréditaires pour ladite Ville de Roüen,

Le Maître des Ouvrages.
Le Concierge & Garde-Meubles, le Commissaire des Vivres, deux Huissiers-Sergens.

Un Maître des Ouvrages,
Un Concierge & Garde-Meubles,
Un Commissaire des Vivres ;
Et deux Huissiers-Sergens, pour travailler à l'exclusion de tous autres aux afaires de ladite Ville, lesquels Huissiers feront une bourse commune pour lesdites afaires, avec la faculté d'exploiter comme les autres Sergens Roïaux, au Bailliage & Vicomté : à tous lesquels Ofices Nous atribuons les mêmes honneurs, autoritez, pouvoirs, fonctions, prérogatives, prééminences, droits, privilèges, Gages & Logemens, dont ont jusqu'à presént joüi les Particuliers qui ont ci-devant exercé, & qui exercent encore les mêmes Ofices

par commiſſion, ſans aucune diminution ni reſtriction ; & en outre, au Receveur des deniers communs & au Maître des Ouvrages, les mêmes honoraires que les Echevins en Charge.

Et de la même autorité que deſſus, Nous avons créé & érigé, créons & érigeons cent Jurez-Marchands privilégiez héréditaires de Grains, avec faculté de les vendre à l'excluſion de tous autres, dont il y en aura quatre-vingt-dix pour la Halle, en la poſſeſſion de laquelle Nous avons maintenu & gardé les Echevins de ladite Ville, & dix pour vendre dans la Ville. *Cent Jurez-Marchands privilégiez hereditaires de Grains.*

Et pareillement ſoixante-douze Jurez-Marchands privilégiez héréditaires de Cidres, avec faculté de les vendre, à l'excluſion de tous autres, ſur les Quais le long des murailles de la Ville, où ils ont été & ſont preſentement placez, pour joüir par leſdits Marchands privilégiez de Grains & de Cidres, des mêmes prérogatives, privíléges, & aux mêmes conditions qu'en ont joüi & joüiſſent actuellement ceux qui ont exercé & exercent leſdits Priviléges par commiſſion. *Soixante-douze Marchands privilégiez hereditaires de Cidres.*

Nous avons en outre, de la même autorité que deſſus, créé & érigé, créons & érigeons en titre d'Ofices formez & héréditaires, ſix Viſiteurs de Poiſſon frais, ſec & ſalé, au lieu & place de ceux qui ont exercé & exercent actuellement leſdites fonctions par commiſſion, leſquels feront bourſe commune avec les ſix Vendeurs, & les uns & les autres auront la qualité de Viſiteurs & Vendeurs de Poiſſon frais, ſec & ſalé, pour la Ville & Fauxbourgs de Roüen, avec faculté de percevoir le Sol pour livre atribué aux Vendeurs, tant ſur la vente du Poiſſon de mer frais, que ſur le Poiſſon ſec & ſalé, ainſi qu'il eſt expreſſément ordonné par pluſieurs Edits, Arrêts & Réglemens; outre lequel Sol pour livre, leſdits Oficiers percevront auſſi les mêmes Droits qui ont été perçûs, & qui ſe perçoivent encore par ceux qui exercent les fonctions de Viſiteurs par commiſſion. Et dautant qu'au moïen de cette réünion, & de la perception du Sol pour livre ſur le Poiſſon de mer ſec & ſalé, les *Six Viſiteurs de Poiſſon frais, ſec & ſalé.*

Vendeurs actuellement en place en recevront du profit, ils Nous païeront les sommes aufquelles ils feront modérément taxez, fuivant le Rôle qui en fera arrêté en nôtre Conseil, avec les deux fols pour livre.

<small>Cinquante Courtiers & Commiffionnaires de Change, Laine & autres Marchandifes.</small>
Nous avons encore par ce même prefent Edit, créé & érigé, créons & érigeons en titre d'Ofices formez héréditaires, cinquante Courtiers & Commiffionnaires de Change, de Laine, & de toutes autres fortes de Marchandifes, pour nôtre Ville de Roüen, aux mêmes droits & émolumens, que ceux qui exercent prefentement ces fonctions par commiffion, ont de coûtume de percevoir pour leurs falaires & vacations; aufquelles Charges il fera par Nous pourvû, nonobftant toutes nominations, commiffions ou provifions, en vertu defquelles ces Particuliers peuvent avoir été établis; faifant défenfes à toutes perfonnes, de quelque condition & qualité qu'elles foient, & fous quelque prétexte que ce puiffe être, de s'immifcer dans la fonction defdits Courtiers & Commiffionnaires, & à tous Marchands, Négocians & autres, de fe fervir d'autres Courtiers & Commiffionnaires que de ceux qui feront pourvûs des Charges créées par le prefent Edit, à peine de trois mille livres d'amende pour chacune contravention, païable moitié aufdits Courtiers & Commiffionnaires, & l'autre moitié au Dénonciateur: Voulons auffi, que les Particuliers qui fe font ci-devant immifcez dans la fonction de Courtiers & de Commiffionnaires, qui fe feront pourvoir defdits Ofices, foient & demeurent déchargez comme Nous les déchargeons dès-à-prefent, des reftitutions des fommes par eux indûëment reçûës jufqu'à prefent: Et à l'égard de ceux d'entr'eux qui ne leveront point lefdits Ofices, Nous voulons qu'ils foient tenus de païer à nos Revenus Cafuels, les fommes aufquelles ils feront pour ce modérément taxez en nôtre Confeil, fuivant les Rôles qui en feront arrêtez, moitié dans un mois du jour de la fignification qui leur en fera faite, & l'autre moitié un mois après; enfemble les deux fols pour livre defdites fommes;

& faute de païer dans ledit tems, ils y feront contraints comme il eft acoûtumé pour nos deniers & afaires. Et en atendant que tous lefdits Ofices créez par le prefent Edit, foient vendus, ils feront exercez, & les droits en feront reçûs à nôtre profit, par ceux qui feront pour cet éfet par Nous commis, à commencer du jour de l'enregiftrement du prefent Edit. Les Pourvûs defdits Ofices, fçavoir le Receveur des Deniers Patrimoniaux, le Maître des Ouvrages, le Concierge & Garde-Meubles, le Commiffaire des Vivres, feront reçûs & prêteront le ferment pardevant les Maire & Echevins de la Ville, aufquels Nous enjoignons d'y procéder incontinent & fans délai, auffi-tôt qu'il leur fera aparu de nos Lettres de provifions : Et les deux Huiffiers-Sergens, les Courtiers & Commiffionnaires & les Vifiteurs de Poiffon, feront reçûs devant le Bailli de Roüen ou fon Lieutenant : Et à l'égard des Marchands privilégiez de Grains & de Cidres, ils feront feulement enregiftrer nos Lettres de privilége au Bailliage, fans être tenus à aucune réception. Déclarons toutes les Charges créées par le prefent Edit, compatibles avec toutes autres, & permettons à ceux qui les aqueront, d'y commettre des perfonnes capables, dont ils demeureront refponfables ; & joüiront lefdits Pourvûs héréditairement defdits Ofices, fans qu'avenant leur décès ils puiffent être déclarez vacans, & feront confervez à leurs Veuves, héritiers & aians caufe, qui en pouront difpofer au profit de telles perfonnes qu'ils aviferont, aufquelles feront expédiées & fcellées nos Lettres de provifions, fur les démiffions des Pourvûs, leurs Veuves, Héritiers & aians caufe, & fans que lefdits Ofices puiffent être déclarez domaniaux ni fujets à aucune revente, pour quelque caufe que ce foit : Et pour faciliter la vente defdits Ofices, voulons que ceux qui prêteront leurs deniers aux Aquereurs, aient hipotéque & privilége fpécial, tant fûr lefdits Ofices, que fûr les Gages & droits y atribuez, fans qu'il foit befoin d'en faire mention dans les Quitances de finance, qui feront expédiées ; mais feulement dans les Contrats d'emprunts :

Et à l'égard des Droits de Marc d'Or & du Sceau pour leurs premieres Provisions, ensemble les frais de reception, ils seront moderez & réduits pour cette fois seulement, suivant le Réglement qui en sera fait en nôtre Conseil, à l'exception de ceux qui sont en place & qui se feront pourvoir, lesquels Nous avons dispensez de se faire recevoir, mais seront seulement tenus de faire enregistrer leurs Provisions au Gréfe, dont les frais seront pareillement réglez : Et en outre, Nous avons acordé & acordons à ceux qui exerceront actuellement lesdits Ofices, même aux Marchands privilégiez, l'exemtion de tutelle, curatelle & de toutes charges publiques. SI DONNONS EN MANDEMENT à nos amez & feaux Conseillers les Gens tenans nôtre Cour de Parlement à Roüen, que le present nôtre Edit ils aïent à faire lire, publier & enregistrer, & icelui faire exécuter selon sa forme & teneur, nonobstant tous Edits, Déclarations, Clameur de Haro, Chartre Normande, & autres choses à ce contraires, ausquelles Nous avons dérogé & dérogeons par le Present : CAR tel est nôtre plaisir. Et afin que ce soit chose ferme & stable à toûjours, Nous y avons fait mettre nôtre Scel. DONNE' à Versailles, au mois de Décembre, l'an de grace mil six cens quatre-vingt-douze ; & de nôtre Régne le cinquantiéme. Signé, LOUIS : Et plus bas, Par le Roy, PHELYPEAUX : *Visa*, BOUCHERAT. Et scellé du grand Sceau de cire verte.

Regisré ès Regisres de la Cour, oüi, & ce requerant le Procureur General du Roy, pour être exécuté selon sa forme & teneur, suivant l'Arrest intervenu sur la vérification dudit Edit. A Roüen en Parlement, l'Audience de ladite Cour séante, le 8. Janvier 1693. Signé, JACQUES.

Regisré ès Regisres de la Chambre des Comptes de Normandie, ce requerant le Procureur General du Roy, pour être exécuté, suivant l'Arrest de ce jour. Fait les Semestres assemblez, le 8. Janvier 1693.
Signé, MARTIN.

*Regiftré ès Regiftres de la Cour, oüi, & ce requerant le Procureur Ge-
néral du Roy, pour être exécuté felon fa forme & teneur, fuivant l'Arreft intervenu fur la verification dudit Edit. A Roüen en la Cour des
Aides, l'Audience féante, le 22. Décembre 1691.* Signé, LE CAUF.

ARREST DU CONSEIL D'E'TAT DU ROY,

RENDU pour la Vente des Ofices créez par l'Edit ci-deffus.

Du 16. Décembre 1691.

Extrait des Regiftres du Confeil d'Etat.

LE ROY aïant par fes Edits du prefent mois, créé plufieurs Ofices de Police, & des Jurez-Marchands privilégiez de Grains & de Cidres pour la Ville de Roüen ; fçavoir, un Receveur des deniers patrimoniaux, un Maître des Ouvrages, un Commiffaire des Vivres, un Concierge Garde-Meubles, deux Huiffiers-Sergens, pour travailler à l'exclufion de tous autres, aux afaires de ladite Ville, fix Vifiteurs de Poiffon frais, fec & falé, douze Mouleurs & Vifiteurs de Bois & de Foins, cinquante Courtiers & Commiffionnaires de Change, de Laine, & de toutes autres fortes de Marchandifes, cent Jurez-Marchands de Grains privilégiez, dont il y en aura quatre-vingt-dix pour la Halle, & dix pour la Ville, & foixante-douze Jurez Marchands privilégiez de Cidres fur les Quais, le long des murailles de ladite Ville. Et Sa Majefté voulant faciliter l'exécution defdits Edits & accelerer la vente defdits Ofices, dont Me François Godefroy s'eft chargé par Réfultat arrêté cejourd'hui au Confeil : Oüi le Raport du Sieur Phelypeaux de Pontchartrain, Confeiller ordinaire au Confeil Roïal, Contrôleur Général des Finances ; LE ROY EN SON CONSEIL, a ordonné & ordonne, que lefdits Edits du prefent mois & le Réfultat de ce jour feront exécutez felon leur forme & teneur ; & en conféquence, que ledit Godefroy, fes Procureurs, Commis ou Prépofez, feront toutes les diligences neceffaires pour la vente, de-

bit & établissement desdits Ofices & Priviléges de la Ville de
Roüen, pour être ceux auſquels leſdits Ofices & Priviléges feront
vendus, pourvûs, & les Proviſions expediées ſur les Quitances du
Treſorier des Revenus Caſuels de Sa Majeſté, qui les lui délivrera ſur les Récépiſſez de deux de ſes cautions, portans promeſſe de lui en fournir Quitance du Garde du Treſor Roïal à ſa décharge, en païant par eux ès mains dudit Godefroy ſur leſdites
Quitances, les ſommes auſquelles leſdits Ofices feront taxez par les
Rôles arrêtez au Conſeil, & les deux ſols pour livre d'icelles ſur les
ſimples Quitances dudit Godefroy: les frais deſquelles Proviſions
& de Réception Sa Majeſté a réglez; ſçavoir, pour les Droits de
Marc d'Or à quinze livres, & ceux du Sceau à vingt-cinq livres; & pour la Recéption de chaque Ofice, il ſera païé vingt
livres pour toute choſe généralement quelconque: Et à l'égard
des Lettres des Marchands privilégiez, il ſera païé quinze livres
pour le Sceau de chacune d'icelles, ſans être tenus à aucun Droit de
Marc d'Or, atendu que ce ne ſont pas des Ofices; mais feront ſeulement ceux au nom de qui leſdites Lettres feront remplies, tenus de les faire enregiſtrer au Gréfe du Bailliage, en païant trois
livres au Gréfier pour toute choſe, Sa Majeſté les déchargeant
de ſe faire recevoir en aucune Juriſdiction: Et atendu que ceux
qui ſont en place & qui ſe feront pourvoir deſdits Ofices, ſont diſpenſez de s'y faire recevoir, & qu'ils feront ſeulement tenus de
faire enregiſtrer leurs Proviſions au Gréfe de la Juriſdiction portée
par ledit Edit, Sa Majeſté a pareillement réglé à trois livres les
frais dudit enregiſtrement; & en conſéquence deſdites Proviſions,
feront les Pourvûs deſdits Ofices inſtalez & mis en poſſeſſion d'iceux, pour en joüir & des droits, fonctions, priviléges & exemtions y atribuez, conformément auſdits Edits; & en atendant
que leſdits Ofices & Priviléges ſoient vendus, & que les Aquereurs d'iceux ſoient pourvûs & inſtalez, ordonne Sa Majeſté,
qu'en vertu deſdits Edit & du preſent Arreſt, il ſera inceſſamment

ment par ledit Godefroy commis fur fes Procurations, des perfonnes capables, dont il demeurera refponfable, pour faire les fonctions defdits Ofices & Priviléges, & percevoir les droits y atribuez, lefquels joüiront pendant l'exercice defdites Commiſſions, des Priviléges & exemtions atachées aufdits Ofices : Lefdits Commis nommez par ledit Godefroy, feront reçûs & inftalez aux fonctions, exercices & perception des droits defdits Ofices & Priviléges, par les Juges nommez par lefdits Edits, & fans frais. Ordonne auffi Sa Majefté, que ledit Godefroy joüira des Gages atribuez aufdits Ofices, à commencer du jour que l'Oficier ou celui qui fera commis entrera en exercice ; lefquels Gages lui feront pareillement païez fur fes fimples Quitances, qui feront paffées & alloüées dans la dépenfe des comptes de ceux qui les auront païez, en raportant le prefent Arreſt, fans que ledit Godefroy, fes Procureurs ou Commis puiffent être tenus d'en compter, fous quelque caufe & prétexte que ce puiffe être, dont Sa Majefté les a dès à prefent déchargez & décharge. Ordonne en outre Sa Majefté, que les Rôles des fommes qui feront païées par les Jurez-Vendeurs de Poiffon de mer frais, fec & falé, pour les raifons portées par l'Edit de création des fix Vifiteurs de Poiffon ; enfemble de celles qui ont été indûëment reçûës, & qui doivent être reftituées par ceux qui fe font ci-devant immifcez dans les fonctions de Courtiers & Commiffionnaires, feront inceffamment arrêtez au Confeil, pour être les y dénommez contrains au païement des fommes y contenuës, enfemble des deux fols pour livre d'icelles, par les voïes ordinaires & acoûtumées, pour les afaires de Sa Majefté, lefquelles fommes feront païées audit Godefroy fur fes Récepiffez, portans promeffe de raporter les Quitances du Treforier des Revenus Cafuels, dans deux mois pour le principal, & fur fes fimples Quitances pour les deux fols pour livre. FAIT au Confeil d'Etat du Roy, tenu à Verfailles le feiziéme jour de Décembre mil fix cens quatre-vingt-douze. *Collationné.* Signé, DE LAISTRE. D

LOUIS par la grace de Dieu, Roy de France & de Navarre : Au premier nôtre Huissier ou Sergent sur ce requis. Nous te mandons & commandons que l'Arrest dont l'Extrait est ci-ataché sous le Contrescel de nôtre Chancellerie, cejourd'hui donné en nôtre Conseil d'Etat, qui ordonne l'exécution de nos Edits du present mois, de création de plusieurs Ofices de Police, & des Jurez-Marchands privilégiez de Grains & de Cidres, en la Ville de Roüen, & du Résultat de nôtre Conseil de cejourd'hui ; tu signifie à tous qu'il apartiendra, à ce qu'aucun n'en ignore, & faits pour l'entiere exécution dudit Arrest & des Rôles y mentionnez, à la requête de François Godefroy y dénommé, tous Commandemens, Sommations, Contraintes & autres Actes & Exploits nécessaires, sans autre permission, nonobstant Clameur de Haro, Chartre Normande & Lettres à ce contraires. DONNE' à Versailles, le seiziéme jour de Décembre, l'an de grace mil six cens quatre-vingt-douze ; & de nôtre Régne le cinquantiéme. Signé, Par le Roy en son Conseil, DE LAISTRE. Et scellé du grand Sceau de cire jaune.

EDIT DU ROY,

PORTANT création dans la Ville de Roüen par augmentation, de douze Marchands Privilégiez hereditaires de Grains, & de soixante-dix-huit Marchands de Cidres.

Du mois de Juillet 1693.

LOUIS par la grace de Dieu, Roy de France & de Navarre : A tous presens & à venir, SALUT. Les Marchands-Placiers de la Halle de nôtre Ville de Roüen, & les Marchands de Cidres en gros sur les Quais de ladite Ville, Nous aïant remontré que par Edit du mois de Décembre 1692. Nous avons créé & érigé cent Jurez-Marchands-Privilégiez hereditaires de Grains pour ladite Ville, avec faculté de vendre lesdits Grains à l'exclusion de tous autres, dont il y en aura quatre-vingt-dix pour la Halle, & dix pour vendre dans la Ville; & soixante-douze Jurez-Marchands-Privilégiez hereditaires de Cidres, avec la même faculté de vendre lesdits Cidres aussi à l'exclusion de tous autres, sur les Quais le long des Murailles de la Ville, où ils ont été & sont presentement placez, pour joüir par lesdits Marchands-Privilégiez hereditaires de Grains & de Cidres, des mêmes prérogatives, Priviléges, & aux mêmes conditions qu'en ont joüi & joüissent actuellement ceux qui ont exercé & exercent lesdits Priviléges par Commission de la Ville : Mais que dans la Halle il y a cent douze Places remplies ; sçavoir, soixante-quinze pour le Bled, vingt-quatre pour l'Avoine, & treize pour les menus Grains ; & que si de ce nombre il n'y en avoit que dix qui eussent la faculté de vendre dans la Ville & hors la Halle, le Public en recevroit du préjudice ; parce que la Halle n'étant ouverte que certains jours de la semaine, on seroit obligé d'acheter de ces dix Marchands dans la Ville, & de leur païer pour leurs Grains, ce que bon leur sembleroit, au lieu que s'ils avoient tous la même liberté & la faculté d'avoir autant de Grains chez eux qu'ils en pouroient avoir, afin de prévenir le tems des glaces & le débordement des eaux, qui durent souvent plus de deux mois, ce qui les empêche d'aller aux Marchez y acheter des Grains pour fournir le Public, l'abondance seroit plus grande, & par conséquent les Grains à meilleur marché : Et que sur lesdits Quais & le long des Murs de ladite Ville, il y a soixante-treize Berceaux de marquez pour les Marchands de Cidres en gros ; sçavoir, cinquante-trois de construits, & vingt qui ne le sont pas, mais seulement marquez pour être remplis ; que dans chacun de ces Berceaux, il y a communement deux Places, même jusqu'à trois, y en aïant

D ij

peu où il n'y en ait qu'une feule ; & que par la fuputation qui a été faite des Places actuellement remplies par les Marchands vendans des Cidres fur lefdits Quais, il s'en eft trouvé cent cinquante ; que ce nombre eft beaucoup plus confiderable que celui fixé par ledit Edit, lequel s'il étoit exécuté à cet égard, cauferoit un notable préjudice à ceux qui ne feroient point du nombre des Privilégiez ; que ci-devant lefdits Marchands de Cidres ont ofert de Nous païer une fomme affez confiderable, pour être érigez en corps & Communauté ; & qu'il eft non feulement de l'intereft defdits Marchands, mais auffi de celui du Public, que ces Places ne foient pas remplies indiféremment par toutes fortes de perfonnes non experimentées dans ce Négoce ; & que ces raifons les obligeoient de Nous fuplier très-humblement, ainfi que les Marchands de Grains de la Halle, de les maintenir & confirmer hereditairement dans leurfdites Places, & de les ériger en corps de Communauté ; ofrans pour ladite confirmation, & pour la propriété & heredité defdites Places, enfemble pour ladite érection en Communauté, de païer en nos Revenus cafuels, les fommes aufquelles ils feroient modérement taxez, & les deux fols pour livre d'icelles, en leur acordant la liberté de les lever fur eux-mêmes ou de les emprunter en corps & folidairement, pour en faire le régalement entr'eux à proportion de leur debit & commerce, pour le remboursement de l'emprunt qu'ils en feront, & en les déchargeant de païer comme les autres Corps & Communautez des Arts & Métiers, aucune taxe pour les Ofices de Maîtres & Gardes & Jurez. Et ne voulant pas que ceux qui ont acoûtumé de remplir lefdites Places en foient exclus par cette création, ni que le Public en foufre, à caufe du trop petit nombre defdits Marchands-Privilégiez qu'il y auroit, & aïant fur cela égard aufdites remontrances qui Nous ont été faites ; A CES CAUSES, & autres à ce Nous mouvant, de nôtre certaine fcience, pleine puiffance & autorité Roïale ; Nous avons par le prefent Edit perpétuel & irrévocable, créé & érigé, créons & érigeons dans nôtredite Ville de Roüen par augmentation, douze Marchands-privilégiez hereditaires de Grains, pour faire avec les cent créez par nôtredit Edit du mois de Décembre dernier, le nombre de cent douze : Avons pareillement créé & érigé, créons & érigeons soixante-dix-huit Marchands-privilégiez hereditaires de Cidres, pour faire avec les soixante-douze créez par ledit Edit, le nombre de cent cinquante : Et aïant égard aux remontrances desdits Marchands qui sont presentement en Place, Nous les avons tous maintenus & confirmez, maintenons & confirmons dans la propriété & possession desdites Places & Priviléges, pour en joüir à toûjours perpetuellement & hereditairement, en faire & disposer par Contrats de ventes volontaires, Baux à rente ou à loïer, ainsi que de leurs autres biens ; sans que lesdites Places & Priviléges puissent être à l'avenir réputez Biens Domaniaux, ni sujets à aucuns droits de vente, revente, confirmation ou autrement, en quelque sorte & maniere que ce soit, ni que ceux qui les possedent à present, non plus que ceux qui les possederont à l'avenir, à quelque titre que ce puisse être, soient tenus de prendre aucunes Lettres de Provisions, dont Nous les avons déchargez par ces Presentes, & en joüiront en vertu des Quitances du Receveur de nos Revenus Casuels, bien & düement contrôlées, lesquelles seront expediées un mois après le parfait païement, sur l'état de la répartition & régalement qui en sera fait entr'eux, pour leur être ensuite fournies, sans qu'ils soient obligez à aucune formalité, en quelque sorte & maniere que ce soit, fors seulement de faire enregistrer leurs Quitances de finance au Bailliage ; comme aussi, les aquereurs à l'avenir d'y faire enregistrer leurs Contrats de vente à chaque mutation, pour lesquels enregistremens il ne sera paié que six livres pour tous droits : Faisons très-expresses inhibitions & défenses aux Juges, Procureur du Roy & Gréfiers, d'en exiger davantage, à peine de concussion, & aux Echevins & à tous autres, de les troubler en façon quelconque, à peine de tous dépens,

Douze Marchands-privilégiez hereditaires de Grains.

Soixante-dix-huit Marchands privilégiez hereditaires de Cidres.

dommages & intérêts : Voulons que lesdits cent douze Marchands de Grains aïent tous la liberté & faculté de vendre également, tant dans la Ville & Fauxbourgs que dans la Halle ; & qu'ils joüissent au surplus, des mêmes fonctions, priviléges, prérogatives, & aux mêmes charges, clauses & conditions portées par nôtredit Edit du mois de Décembre dernier, & Arrêts de nôtre Conseil rendus en conséquence : Auront lesdits Marchands la faculté de vendre leurs Grains en toute liberté, à l'exclusion de tous autres, à Boutique ouverte tous les jours de la semaine, la Halle préalablement bien fournie, suivant & conformément aux Réglemens de Police : Et afin que lesdits Marchands puissent être toûjours en état de servir le Public, Nous leur avons permis d'avoir chez eux autant de Grains qu'ils en pouront avoir pour fournir à la Halle & à leurs Boutiques, & prévenir le tems des glaces & débordemens des eaux : Leur avons aussi permis pour la commodité publique, de vendre chez eux & dans leurs Boutiques, tant en gros qu'en détail, toutes sortes de Grains & de Graines ; mais à l'égard de la Halle ils se conformeront à l'usage établi, en se restraignant à ne vendre à leurs Places, que les Grains ou Graines qu'ils ont acoûtumé d'y vendre, sans en pouvoir être empêchez ni inquietez : Et pour cet éfet, Nous défendons aux Chandeliers, Revendeurs, Revendeuses, Hôteliers, & tous autres de ladite Ville & Fauxbourgs, d'acheter aucuns Grains en façon quelconque, dans les quatre Marchez d'Andely, Elbeuf, Ducler & Caudebec, destinez & réservez ausdits Marchands, pour y aller acheter leursdits Grains pour la fourniture du Public, suivant les Arrêts & Réglemens : Défendons pareillement à toutes personnes, d'acheter des Grains des Laboureurs & autres pour les revendre, & seront les mesures desdits Marchands jaugées & étalonnées, suivant les Ordonnances de Police : Et au surplus, avons confirmé les Ordonnances renduës en leur faveur, qui seront exécutées selon leur forme & teneur ; même les avons érigé & érigeons en corps de

Communauté & Confrérie, à l'inftar des Marchands de Grains & Grenetiers de nôtre Ville de Paris, pour le droit de laquelle ils feront tenus de païer chacun trois fols par an, ainfi qu'il eft acoûtumé pour l'entretien des Ornemens & Luminaires pour le Service Divin : Ordonnons qu'il fera élû tous les ans au mois d'Aouft, par ladite Communauté trois d'entr'eux, pour faire fonction de Jurez, veiller à la confervation de ladite Marchandife, faire les vifites fur toutes les Mefures & Grains géneralement quelconques, tant en la Halle, que Boutiques, Greniers & Quais, à ce qu'il n'y ait des Grains défectueux, embouquez, germez, éteints & fourbaudez au dommage du Public, & faire apeller les contrevenans pardevant le Bailli de Roüen, ainfi qu'il fe pratique dans les autres Arts & Métiers : Voulons pareillement que lefdits cent cinquante Marchands de Cidres aïent la faculté de vendre lefdits Cidres, à l'exclufion de tous autres, fur les Quais le long des Murailles de la Ville, où ils ont été & font prefentement placez, & qu'ils joüiffent des mêmes fonctions, priviléges, prérogatives, & aux mêmes charges, claufes & conditions portées par ledit Edit, lequel fera au furplus exécuté felon fa forme & teneur, enfemble les Arrêts de nôtre Confeil rendus pour l'exécution d'icelui ; aufquels Marchands de Cidre Nous avons en outre acordé la liberté de remplir les vingt Places marquées fur lefdits Quais, pour la conftruction d'autant de Berceaux, & faire avec les cinquante-trois qu'ils font, le nombre de foixante-treize, ou de les réduire à un plus petit nombre, en leur donnant plus de largeur ; comme aufli, de faire fermer leurfdites Places & Berceaux, même de les couvrir fi bon leur femble, pour la fûreté & confervation de leurs Marchandifes, en obfervant une même fimetrie pour ladite fermeture & couverture : Les avons pareillement érigez & érigeons en corps de Communauté & Confrérie, ainfi que lefdits Marchands de Grains, en païant aufli comme eux lefdits trois fols par chacun an : Et au moïen de ce que deffus les Particuliers qui compofent

actuellement lesdites deux Communautez, seront tenus solidairement Nous païer pour cette fois seulement, pour tous droits de confirmation & proprieté, & pour ladite érection en Communauté & Confrérie, les sommes ausquelles ils seront modérement taxez en corps, suivant les Rôles qui en seront arrêtez en nôtre Conseil, & les deux sols pour livre sur les Recepissez du Préposé audit Recouvrement, ou de ses Procureurs ou Commis, portans promesse d'en fournir les Quitances du Receveur de nos Revenus Casuels pour le principal de ladite taxe, & celles dudit Préposé pour les deux sols pour livre; lesquelles sommes seront païées; sçavoir, moitié quinzaine après la signification qui leur sera faite dudit Rôle, & l'autre moitié un mois après; quoi faisant, ils demeureront déchargez, comme par ces Presentes Nous les déchargeons du païement des sommes que Nous aurions pû prétendre contr'eux, pour les Ofices de Gardes ou Jurez, ainsi que les autres Corps & Communautez ont fait, en conséquence de nos Edits des mois de Mars & Décembre 1691. Pour faciliter lesquels païemens, Nous avons permis ausdits Marchands de Grains & de Cidres, de lever lesdites sommes sur eux-mêmes, ou de les emprunter en commun & solidairement, pour en faire le régalement entr'eux, à proportion de leur debit & commerce, pour le remboursement de l'emprunt qu'ils en auront fait, ou pour en païer les arrérages : Voulons que ceux qui prêteront leurs deniers pour faire lesdits païemens, aïent hipotéque & privilége spécial sur lesdites Places & Priviléges, sans qu'il soit besoin d'en faire mention dans les Quitances du Receveur de nos Revenus Casuels, mais seulement dans les Contrats d'emprunts. SI DONNONS EN MANDEMENT à nos amez & feaux Conseillers les Gens tenans nôtre Cour de Parlement à Roüen, que le present Edit ils aient à faire lire, publier & enregistrer, & icelui faire exécuter selon sa forme & teneur, nonobstant tous Edits, Déclarations, Clameur de Haro, Chartre Normande, & autres choses
à ce

à ce contraires, aufquelles Nous avons dérogé & dérogeons par le Prefent : CAR tel eſt nôtre plaifir. Et afin que ce foit chofe ferme & ſtable à toûjours, Nous y avons fait mettre nôtre Scel. DONNE' à Verſailles, au mois de Juillet, l'an de grace mil ſix cens quatre-vingt-treize; & de nôtre Régne le cinquante-uniéme. Signé, LOUIS: Et plus bas, Par le Roy, PHELYPEAUX: Viſa, BOUCHERAT. Et ſcellé du grand Sceau de cire verte.

Regiſtré ès Regiſtres de la Cour, oüi, & ce requerant le Procureur Général du Roy, pour être exécuté ſelon ſa forme & teneur, ſuivant l'Arreſt intervenu ſur la vérification dudit Edit. A Roüen en Parlement, l'Audience de ladite Cour ſéante, le 7. Aouſt 1693. Signé, JACQUES.

ARREST DU CONSEIL D'E'TAT DU ROY,

QUI fait defenſes à tous autres qu'aux Cent douze Marchands-Privilégiez hereditaires de Grains de la Ville & Fauxbourgs de Roüen, d'acheter dans les quatre Marchez d'Andely, Elbeuf, Ducler & Caudebec, des Grains pour en faire la revente.

Du 3. Février 1699.

Extrait des Regiſtres du Conſeil d'Etat.

VEU au Conſeil d'Etat du Roy, les Edits des mois de Décembre 1692. & Juillet 1693. par leſquels Sa Majeſté a créé pour la Ville & Fauxbourgs de Roüen, Cent douze Marchands-Privilégiez hereditaires de Grains, pour en faire les fonctions, tant dans ladite Ville & Fauxbourgs, que dans la Halle, & les a érigez en Corps de Communauté : Le Rôle arrêté au Conſeil, le premier Aouſt 1693. par lequel la Finance deſdits Priviléges, enſemble des Places dans leſquelles Sa Majeſté a

E

maintenu lesdits Marchands de Grains, a été fixée à la somme de Quatre-vingt mille livres, & les deux sols pour livre : Rôle de Réformation arrêté au Conseil, le dernier Aoust 1694. qui modere à Cinquante mille livres celle de Quatre-vingt mille livres portée par le premier Rôle dudit jour premier Aoust 1693. Arreſt du Conſeil, du 13. Septembre 1695. par lequel Sa Majeſté a déchargé leſdits Marchands de Grains, de l'exécution de l'Edit du mois de Mars 1694. portant création des Ofices d'Auditeurs des Comptes des Communautez d'Arts & Métiers, & du paiement de la ſomme de Trois mille livres, pour laquelle ils auroient été compris dans le Rôle arrêté en conſéquence, & deux ſols pour livre d'icelle, en païant par eux ès mains de Me François Godefroy, chargé du Recouvrement des ſommes qui doivent provenir de l'exécution deſdits Edits des mois de Décembre 1692. & Juillet 1693. la ſomme de Vingt mille livres, & les deux ſols pour livre, portée par le Rôle dudit jour dernier Aoust 1694. ſuivant l'état de répartition de ladite ſomme de Vingt mille livres, & deux ſols pour livre, ſigné par le Sieur d'Ormeſſon, Commiſſaire départi en ladite Ville de Roüen : Autre Arreſt du Conſeil, du 27. Mai 1698. par lequel Sa Majeſté ordonne l'exécution du précédent Arreſt, & en conſéquence, que Mathieu Lion & les Cautions ſeront tenus de rendre & reſtituer auſdits Marchands de Grains, la ſomme de Trois mille vingt-une livres dix-huit ſols neuf deniers qu'ils en ont reçuë, & les deux ſols pour livre : La Requête, Piéces & Mémoires deſdits Marchands de Grains, à ce qu'il plaiſe à Sa Majeſté réduire & moderer ladite ſomme de Vingt mille livres, à celle de Dix-huit mille livres, & les deux ſols pour livre, confirmer la nomination qu'ils ont faite des perſonnes de Pierre de la Barre, Nicolas Goſſelin, Robert le Carpentier, & Abraham Clerbout, pour faire les fonctions de Syndics Jurez de ladite Communauté, pendant l'année derniere 1698. ordonner que pour faciliter le paiement des intérêts, ou faire le rembourſement des ſommes qu'ils auroient été obligez d'emprunter pour faire le païement de ladite somme de Dix-huit mille livres, & deux sols pour livre, & frais faits par lesdits Sindics pour raison de ce, la répartition en sera faite sur lesdits Cent douze Maîtres qui composent ladite Communauté, lesquels seront contraints au païement des sommes, ausquelles chacun d'eux aura été cotisé, comme pour les propres deniers & afaires de Sa Majesté, suivant les Ordonnances particulieres dudit Sieur Commissaire; en interprétant en tant que de besoin, l'Edit du mois de Juillet 1693. portant qu'il sera élû tous les ans par lesdits Marchands, trois d'entr'eux pour faire la fonction de Jurez, ordonner que le nombre desdits Jurez sera & demeurera réglé à quatre, dont les deux anciens sortiront tous les ans, & en sera élû deux nouveaux à leur place, pour gerer avec les deux qui resteront de la précédente Election; réiterer les défenses faites par ledit Edit, à tous autres qu'ausdits Marchands privilégiez, d'acheter des Grains dans les quatre Marchez d'Andely, Elbeuf, Ducler & Caudebec, destinez pour la fourniture de la Ville de Roüen, sans qu'aucuns Habitans même desdits lieux, puissent s'ingerer sous prétexte de faire commerce de Grains, soit pour leur compte particulier, soit par commission ou pour le compte d'autrui, d'en faire aucuns Magasins, même d'en faire aucun achat au-delà de ce qu'ils en auroient besoin pour leur provision, à peine de confiscation & d'amende : Ordonner au surplus, que ledit Edit sera exécuté selon sa forme & teneur. Vû aussi l'avis du Sieur de la Bourdonnaye, Commissaire départi en ladite Ville & Generalité de Roüen : Oüi le Raport du Sieur Phelypeaux de Pontchartrain, Conseiller ordinaire au Conseil Roïal, Contrôleur General des Finances : Et tout considéré; LE ROY EN SON CONSEIL, a ordonné & ordonne, que ladite somme de Vingt mille livres portée par ledit Arrest du Conseil, du 13. Septembre 1695. & Etat de répartition arrêté en conséquence, le 16. Mars 1696. demeurera réduite & moderée à celle de

Dix-huit mille livres, & deux sols pour livre ; au païement de laquelle lesdits Cent douze Marchands-Privilégiez de Grains, seront solidairement contraints, comme pour les propres deniers & afaires de Sa Majesté, en vertu des Ordonnances particulieres dudit Sieur Commissaire départi pour l'exécution de ses Ordres, dans ladite Generalité de Roüen, suivant le Rôle arrêté cejourd'hui en son Conseil, & la Répartition qui en sera faite sur chacun d'eux par ledit Sieur Commissaire. Ordonne en outre Sa Majesté, que Pierre de la Barre, Nicolas Gosselin, Robert Carpentier & Abraham Clerbout, qui ont été nommez Sindics de ladite Communauté pour l'année derniere 1698. continuëront d'en faire les fonctions jusqu'à nouvelle Election, lors de laquelle les deux plus anciens sortiront, & en sera nommé deux nouveaux en leurs places, pour gerer les afaires de ladite Communauté, avec les deux qui resteront de la precedente Election, ce qui se continuëra tous les ans de la même maniere ; en sorte que le nombre des Sindics soit toûjours de quatre, nonobstant qu'il ait été réglé par ledit Edit du mois de Juillet 1693. à trois seulement. Enjoint Sa Majesté ausdits Sindics en place, & à ceux qui leur succederont, d'en faire exactement les fonctions, suivant les Arrêts & Réglemens de Police. Fait itératives défenses à tous Revendeurs, Revendeuses, Hôteliers, Chandeliers de ladite Ville & Fauxbourgs, & à tous autres Marchands, qu'ausdits Marchands-Privilégiez de Grains, d'en acheter dans les quatre Marchez d'Andely, Elbeuf, Ducler & Caudebec, destinez & réservez ausdits Marchands-Privilégiez pour la fourniture du Public, sans qu'aucuns Habitans, même desdits lieux, puissent s'ingerer sous prétexte d'y faire commerce de Grains, soit pour leur compte particulier ou par commission & pour le compte d'autrui, d'en faire des Magasins, même d'en faire aucun achat au-delà de ce qu'ils en auront besoin pour leur provision, à peine de confiscation, & de Trois mille livres d'amende. Ordonne au surplus, que ledit Edit sera exécuté

elon fa forme & teneur; & pour accelerer le païement de ce qui
efte dû par lefdits Marchands de Grains, jufqu'à la concurrence
de la fufdite fomme de Dix-huit mille livres, & deux fols pour
livre, Sa Majefté leur permet d'en faire l'emprunt fuivant les
Ordonnances particulieres dudit Sieur Commiffaire, auquel Sa
Majefté enjoint de tenir la main à l'execution du prefent Arreft,
lequel & les Ordonnances qui feront par lui renduës en conféquence, feront exécutées, nonobftant opofitions ou apellations; dont
fi aucunes interviennent, Sa Majefté s'en eft refervé la connoif-
ance & à fon Confeil, & icelle interdite à fes Cours & Juges;
& à cet éfet toutes Lettres neceffaires feront expédiées. FAIT au
Confeil d'Etat du Roy, tenu à Verfailles le troifiéme jour de Février mil fix cens quatre-vingt-dix-neuf. *Collationné.*

Signé, GOUJON, avec paraphe.

LOUIS par la grace de Dieu, Roy de France & de Navarre : A nôtre amé & féal Confeiller en nos Confeils,
Maître des Requêtes ordinaire de nôtre Hôtel, le Sieur de la Bourdonnaye, Intendant & Commiffaire départi pour l'exécution de nos
Ordres, en la Generalité de Roüen, SALUT. Suivant l'Arreft dont
l'Extrait eft ci-ataché fous le Contrefcel de nôtre Chancellerie, ce
jourd'hui donné en nôtre Confeil d'Etat, Nous vous mandons &
enjoignons de tenir la main à l'exécution d'icelui. Commandons au premier nôtre Huiffier ou Sergent fur ce requis, de fi-
gnifier ledit Arreft aux y dénommez, & à tous qu'il apartiendra,
à ce qu'ils n'en ignorent, & de faire en outre pour l'entiere exécution d'icelui, tous Commandemens, Sommations, Contraintes
par les voïes y portées, défenfes & injonctions y contenuës, &
autres Actes & Exploits néceffaires, fans autre permiffion, nonobftant Clameur de Haro, Chartre Normande & Lettres à ce contraires. Voulons que ledit Arreft, enfemble les Ordonnances qui
feront renduës en conféquence, par ledit Sieur Commiffaire dé-

parti, soient exécutées, nonobstant opositions ou apellations quelconques; & dont si aucunes interviennent, Nous nous réservons & à nôtre Conseil la connoissance, & icelle interdisons à nos Cours & Juges : CAR tel est nôtre plaisir. DONNE' à Versailles, le troisiéme jour de Fevrier, l'an de grace mil six cens quatre-vingt-dix-neuf; & de nôtre Régne le cinquante-sixiéme. Par le Roy en son Conseil, Signé, GOUJON, avec paraphe.

Collationné par Nous Ecuier, Conseiller-Secretaire du Roy, Maison, Couronne de France, & de ses Finances. Signé, LE GENDRE.

YVES-MARIE DE LA BOURDONNAYE CHEVALIER, Seigneur de Couëtion, Conseiller du Roy en ses Conseils, Maître des Requêtes ordinaire de son Hôtel, Commissaire departi par Sa Majesté pour l'execution de ses Ordres, en la Generalité de Roüen.

VEU l'Arrest du Conseil, du troisiéme Février dernier, & Commission sur icelui du même jour, le tout scellé :

NOUS ORDONNONS que ledit Arrest sera exécuté selon sa forme & teneur, lû, publié & afiché par tout où besoin sera, dans l'étenduë de nôtre Département. FAIT à Roüen, le 13. Novembre 1699. Signé, DE LA BOURDONNAYE : Et plus bas, Par Monseigneur, GALLIER, avec paraphe.

ORDONNANCE
DE
LA POLICE GENERALE,

Renduë par Messieurs les Presidens & Conseillers-Commissaires de la Cour.

Du 17. Octobre 1692.

DU Vendredi dix-septiéme jour d'Octobre mil six cens quatre-vingt-douze, à la Police Generale tenuë au Palais, par Messieurs les Presidens & Conseillers-Commissaires de la Cour.

Sur la Requête presentée par les Marchands de Bleds & Placiers en la Halle, tendante à être livrez de Bleds concurremment avec les Boulangers de cette Ville, après que les Bourgeois auront été livrez.

LES Presidens & Conseillers-Commissaires ont ordonné, après que les Bourgeois auront été livrez du Bled dont ils auront besoin, que les Placiers seront livrez concurremment avec lesdits Boulangers. Fait comme dessus. *Collationné.*
Signé, DE BOUTIGNY.

ARREST DE LA COUR DE PARLEMENT

QUI entr'autres fait défenses aux Forains, de vendre autrement qu'à la Mine & au Boisseau; avec défenses à toutes personnes, de faire aucuns anarremens de Grains; le tout, sous les peines y portées.

Du premier d'Avril 1666.

Extrait des Registres de la Cour de Parlement.

ENTRE Nicolas le Sage demeurant à Elbeuf, apellant de Sentence donnée par le Bailli de Roüen ou son Lieutenant au lieu, le quinziéme de Mars dernier, sur la poursuite contre lui faite par Jean de Croismare, Marchand de Grains ordinaire, & aiant Place en la Halle de cette Ville, afin de voir dire, que ledit le Sage sera obligé de quiter & vuider hors d'une Place qu'il ocupe devant sa Place en ladite Halle; par laquelle Sentence auroit été permis audit de Croismare, de faire informer des anarremens par lui alleguez avoir été faits par ledit le Sage; & à lui défenses faites, ainsi qu'aux autres Forains, de vendre autrement qu'à la Mine & au Boisseau, à peine de confiscation, & condamné aux dépens dudit de Croismare, à lui permis de faire lire & publier ladite Sentence en ladite Halle, à ce qu'aucun n'en puisse ignorer, lesquels dépens ont été taxez à dix livres : Ledit le Sage présent en personne, & par Me Martin Hamelin son Procureur, d'une part ; Et ledit de Croismare Marchand à Roüen, apellé & renvoié à la Cour sur le Haro interjetté par ledit le Sage, en mettant ladite Sentence à exécution, présent en personne, & par Me Robert le François son Procureur, d'autre. Oüis Basnage Avocat pour ledit de Croismare, lequel a soûtenu que ledit le Sage doit être évincé de l'apel qu'il a interjetté de ladite Sentence, du 15. Mars, & qu'elle doit être confirmée, avec dépens ; & permis audit de Croismare, de faire lire & publier l'Arrest qui interviendra, aux lieux nécessaires : Et Theroulde Avocat pour ledit le Sage, lequel a dit, que ledit le Sage aïant aquiescé à son apel, il n'étoit question que d'exécuter la Sentence, qui admet l'Intimé à faire preuve de l'anarrement, ainsi que les défenses n'y viennent pas : Oüi aussi le Guerchois Avocat Général, pour le Procureur Général du Roy ; LA COUR a mis & met l'appellation au néant, sans amende, ordonné que ce dont est apellé sortira son éfet, & condamné ledit le Sage aux dépens de la cause d'apel, envers ledit de Croismare. Et faisant droit sur les plus amples Conclusions dudit Procureur Général, a fait & fait défenses aux Parties d'apointer de l'Instance, & à toutes personnes de faire aucuns anarremens de Grains, à peine de punition corporelle : Enjoint aux Juges des lieux, d'informer desdits anarremens, & aux Substituts dudit Procureur Général, de l'avertir des contraventions : Et permis audit de Croismare, de faire publier le présent Arrest où besoin sera. FAIT comme dessus.

Signé, BONNEL.

Lecture & publication du contenu ci-dessus a été faite à son de Trompe, haute voix & cri public, à la Halle au Bled de cette Ville le ; & autres lieux à faire publications, par moi Huissier du Roy en Cour de Parlement, soussigné, ce Lundi cinquiéme jour d'Avril mil six cens soixante-six, presence du Commis du Trompette ordinaire, & autres.

Signé, CONTANT.

EXTRAIT

Du Registre Plumitif de la Police Generale, tenuë au Parlement, le huitiéme jour de Février mil six cens quatre-vingt-dix-sept, par Messieurs les Conseillers-Commissaires de la Cour, en tant que ce qui ensuit.

SUR l'Aprochement fait de la personne de Pierre Marc Laboureur, de la Paroisse de Cottevrard, pour avoir vendu des pix verds dans les Mesures servantes à vendre l'Avoine, qui est beaucoup plus petite que celle dont il doit se servir, ne pouvant abondant vendre en détail, mais vendre par Boisseaux & Mines.

LEDIT Marc condamné en Trois livres d'amende, & défenses lui de récidiver, sous les peines au cas apartenant; & de vendre à l'avenir en détail & par petites Mesures, & à tous autres : condamné aux dépens de l'Aprochement, moderez à trente sols. Et sera la presente Ordonnance lûë, publiée & afichée aux lieux coûtumez. *Collationné.*

Signé, COUSIN DE VINVAL.

DE PAR LE ROY,

ET MESSIEURS LES PRESIDEN[S]
& Conseillers-Commissaires de la Police générale,

Tenuë le 18. Janvier 1698.

SUR l'Aprochement requis par les Marchands de Grains [de] la Ville de Roüen, sur Charles le Mire, Regratier de Grains en la Halle de ladite Ville de Roüen, suivant l'Exploit fait ce jourd'hui audit le Mire, par Nicolas le Monton, Sergent au Bailliage de Roüen, pour avoir vendu en la Halle des Féves à pe[tite] Mesure, contre & au préjudice des Réglemens de ladite Po[li]ce, aux fins de le faire condamner en l'Amende portée par les[dits] Réglemens & Ordonnances; & que défenses lui soient faite[s] d'en vendre à petite Mesure en ladite Halle, & qu'il soit con[damné] en l'Amende portée par lesdits Réglemens, ensemble au[x] frais de l'Aprochement; & que l'Ordonnance qui interviendra soit lûë, publiée & afichée aux lieux ordinaires.

Oüi Monsieur de Mesnilbus Avocat Général, pour le Procu[reur] Général du Roy, lequel a conclu, à ce que défenses l[ui] soient faites de récidiver, & qu'il doit être condamné en un[e] Amende de trois livres.

LES PRESIDENS ET CONSEILLERS-COMMISSAIRES GENERAU[X] ont condamné ledit le Mire en un Ecu d'Amende, avec défen[ses] de vendre lesdites Féves en détail, & à tous autres, & ice[lui] lui condamné aux dépens de l'Aprochement : Et sera la presen[te] Ordonnance lûë, publiée & afichée où besoin sera.

Signé, VALLE'E.

www.ingramcontent.com/pod-product-compliance
Lightning Source LLC
LaVergne TN
LVHW021712080426
835510LV00011B/1744